RONDE :: Préface de JEAN RICHEPIN, de l'Académie Française

LES DANSES NOUVELLES

LE TANGO
LA MAXIXE :: LA FORLANE

"ÉDITIONS ET LIBRAIRIE", 40, RUE DE SEINE — PARIS

LE TANGO

LA MAXIXE BRÉSILIENNE

LA FORLANE

LES DANSES NOUVELLES

LE TANGO

LA MAXIXE BRÉSILIENNE

LA FORLANE

Par C. DE NÉRONDE

PRÉFACE DE

JEAN RICHEPIN

de l'Académie Française

"Édition et Librairie"
40, RUE DE SEINE, 40
PARIS

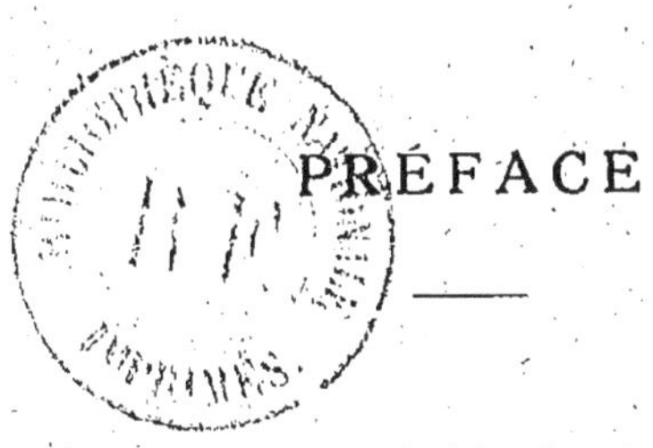

PRÉFACE

RIEN qu'à la faible lumière fournie par mes simples souvenirs d'humaniste, j'entrevois des palais fabuleux nous ouvrant leurs merveilles. J'y contemple, revivante, toute la vie passée de la Danse depuis ses origines sacrées ; depuis les temps où elle était religieuse, inventée et pratiquée par les dieux pour symboliser aux regards des mortels la création du monde, la ronde des astres au firmament ; depuis les jours où la Grèce antique, cette jeunesse de l'humanité, y formulait l'enseignement du beau et l'eurythmie de l'âme fleurissant par l'eurythmie du corps. Je me rappelle que Zeus, Dèmèter, Apollon ont été qualifiés de danseurs par mon grand aïeul Pindare, que la farouche Artémis aussi aimait à danser, et même l'austère Pallas Athènè, et que les premiers chœurs d'hommes et de femmes dansants ont été organisés par mon autre ancêtre, plus grand encore que Pindare et presque un dieu, le poète musicien et danseur Orphée ! Et j'ai souvenance, pareillement de mon Cornelius Nepos, félicitant le héros thébain Epaminondas d'avoir excellé dans la danse, et d'Homère me montrant chez les Phéaciens, devant Odysseus ravi de joie, les jeunes hommes dansant pendant que chante l'aède Demodokos ; et de Platon, dans ses *Lois* exigeant la danse pour couronnement d'une bonne éducation ; et de Socrate, vieux, honteux d'ignorer la danse, et pour essayer d'être un sage complet, s'en faisant donner des leçons par Aspasie ; et de Sophocle enfin, désigné comme le plus bel éphèbe de son temps, et célébrant, par sa danse devant le peuple athénien, la victoire de notre civilisation sur la barbarie, l'immortelle Salamine !

Et que d'autres belles choses dansent encore dans ma mémoire ! Et que d'autres, et d'autres, sans fin, pourraient nous conter, non plus en poète qui les sème à la venvole, mais en savants, avec documents à l'appui, nos confrères de l'Académie des inscriptions et Belles-Lettres et de l'Académie des Sciences morales et politiques et d'une façon, ne craignez rien, divertissante ! Car la bonne érudition française, qui en sait tout autant et souvent plus que telle ou telle à l'air rogue et important, sait aussi l'art de dire avec grâce ce qu'elle sait ; et les fiches, entre ses doigts, deviennent des fleurs qu'on se met au coin des lèvres.

Ainsi vous révélerait-elle des secrets charmants sur le *Tango* en personne, n'en doutez pas ! Comment n'en aurait-elle pas à vous dire, puisque moi-même j'en ai, moi, pauvre Gautier-sans-avoir de la science ? Mais oui, sur le *Tango*, connu des anciens ! Sachez en effet qu'au British Museum, on peut voir, venues des hypogées de Thèbes, des danseuses qui le dansent, ayant pour tout vêtement une ceinture en tresse de fils d'or. Et sachez aussi qu'il en est parlé dans Claudien, un parnassien longtemps avant la lettre, le José-Maria de Heredia du quatrième siècle. Et sachez en outre que même avant cette époque, Martial aussi en fait mention dans quelques-unes de ses épigrammes :

Edere lascivos ad Bœtica crusmata gestus
Et Gaditanos ludere docta modos.

Il va jusqu'à nous apprendre qu'alors, comme aujourd'hui, il y avait des professeurs de *Tango*, envoyés par Cadix, ainsi que les nôtres le sont par la nouvelle Cadix américaine.

Et de Gadibus improbus magister

Et si, fût-ce en courant ou au hasard du souvenir, je puis vous citer, à propos du *Tango*, de pareils détails, songez, encore une fois, à tout ce que vous dirait un érudit véritable !

Sans compter l'exégèse philosophique dont celle-ci aurait le droit et le devoir de vous entretenir. Car il y une métaphysique et une mystique de la danse. Y aurait-il donc aussi une métaphysique et une mystique du *Tango* ? Je n'ose me prononcer. Mais pourquoi n'y en aurait-il point ? Il y a bien, et cela indéniablement, daignez y réfléchir, une mathématique du *Tango*.

Et voici qui me ramène, repentant et très humble, à celle des cinq classes de l'Institut que j'ai presque failli oublier, et à laquelle j'en présente toutes mes excuses, et qui est la plus grave des cinq sans aucun doute, et qui par cela même semble bien la plus éloignée du *Tango*, et qui néanmoins, aurait à nous en révéler les plus étranges et les plus troublants arcanes, puisque, par sa mathématique, le *Tango* appartient à l'Académie des Sciences. Qui sait si elle ne nous enseignerait pas par $a + b$ que le *Tango* est la dernière survivance d'une de ces danses sacrées où les prêtres égyptiens et chaldéens figuraient les évolutions de l'Être et en écrivaient, pour les yeux des initiés, la formule mathématique ? Qui sait si, dans les opérations compliquées de ses pas, ce mystérieux et lent ballet à deux ne représente pas l'éclosion première des Nombres sortant de l'unité créatrice, et qui a conduit Pythagore à donner au monde pour âme le chiffre, tandis que le ténébreux Héraclite en concluait que l'essence des choses est le rythme de son désespérant πάντα ῥέει, l'éternel écoulement de tout, avec cette aggravation, fournie par la grammaire grecque, d'un sujet neutre qui est au pluriel tandis que son verbe est au singulier. Et qui sait enfin si les danseurs du *Tango*, bien qu'ils ne connaissent rien de ces choses formidables, n'en éprouvent pas eux-mêmes cependant l'obscure et inconsciente obsession, et si ce n'est point de là que leur vient l'air appliqué, réfléchi, absorbé, presque triste, parfois morne, apporté par certains d'entre eux à un plaisir qui paraît ainsi une sorte de délectation morose ?

Les trois grands reproches dont on accable le *Tango* ont pour causes son origine étrangère, son origine populaire et son caractère inconvenant.

Inutile de répondre à ce dernier grief, vraiment trop injuste, le caractère inconvenant d'une danse n'étant jamais attribuable qu'aux danseurs. J'ai eu la joie de voir des *Tangos* dansés par des princesses, et qui étaient des modèles de distinction élégante ; et j'ai vu, d'autre part, jadis, l'insipide polka et l'honnête quadrille des lanciers dansés de façon, comme disait un de nos illustres prédécesseurs, à faire rougir des singes.

Quant à l'origine étrangère du *Tango*, il est bizarre qu'on l'incrimine dans ce Paris si hospitalier, où tour à tour ont flori la contredanse anglaise, la valse allemande, la mazurka polonaise, la polka hongroise, la scottish lithuanienne, la redowa tchèque et le boston américain.

Reste l'origine populaire. Et ici les détracteurs du *Tango* ont beau jeu, semble-t-il, et ne se privent pas d'en abuser, se voilant pudiquement la face à l'idée que pour lui, ce pelé, ce galeux, *populaire* n'est pas assez dire, et doit se prononcer péjorativement *populacière*. Pensez donc ! Une danse qui a eu pour berceaux les bouges les plus immondes de l'Amérique ! Une danse de bouviers, de palefreniers, de gauchos, de demi-sauvages, de nègres ! Fi ! l'horreur !

— Ah ! soupirent ces farouches moralistes, que l'on nous rende les jolies et fines danses de nos ancêtres, les danses où s'épanouissaient exquisement la délicatesse et la grâce de l'aristocratie française !

Elles s'épanouissent de même, messieurs les farouches moralistes, dans le *Tango*, dans ce *Tango* issu des pires bouges, quand il est dansé comme je vous ai dit tout à l'heure. Et au reste, apprenez ceci puisque vous l'ignorez, à savoir que ces fameuses danses d'autrefois, ces aristocratiques danses de nos ancêtres, si jolies, si fines, si délicates, si gracieuses, ont toutes commencé aussi par être des danses populaires. Toutes, oui, toutes sont de naissance rustique ; toutes sont d'anciens branles paysans, de vieilles sauteries inventées par des vilains, toutes, jusqu'au suave menuet, d'abord ronde campagnarde poitevine, jusqu'à la hautaine et charmante gavotte mise à la mode par la reine Marie-Antoinette et dont les premières cadences furent rythmées aux claquements des gros sabots chaussant les lourds gars de Bretagne.

Car ils ont de tout temps aimé la danse, nos paysans ; et la bourrée auvergnate et bourbonnaise prouve qu'ils l'aiment encore, et aux champs et dans les bals-musettes des faubourgs parisiens, la bourrée, plus compliquée peut-être que le *Tango*. Et comme nos paysans, nos gens du monde l'aiment aussi, la danse ; et s'ils la raffinent, une fois prise au peuple, ainsi qu'ils le font à présent pour le *Tango*, ils lui laissent quand même ses complications, sa fougue, ses violences, tout en donnant à leurs efforts le tour élégant qui leur convient. Et c'est pourquoi, dans son *Orchesographie*, le chanoine de Langres Thoinot-Arbeau, maître de chapelle de Henri III, décrivait de la sorte cet exercice, cette véritable gymnastique de la danse, en des termes où vous allez voir signalés tous les mouvements que synthétise précisément le *Tango*, bien qu'il les dissimule sous l'ardeur concentrée de sa secrète et grave mimique.

« Dancer, écrit le bon chanoine, c'est à dire saulter, saultelotter, caroler, baler, treper, trepiner, mouvoir et remuer les pieds, mains et corps de certaines cadences, mesures et mouvements consistant en saultz, pliements de corps, divarications, claudications, ingéniculations, élévations, jactation de pieds et aultres contenances. »

Et pour conclure, qu'importe, en somme, l'origine étrangère et populaire d'une danse ? Et qu'importent même son caratère et sa figure ? Nous francisons tout, et la danse que nous aimons à danser devient française. Et donc, il ne faut voir, dans l'engouement actuel pour le *Tango*, que le regain de notre amour tenace pour la danse et nous en réjouir. Car la France est, comme la Grèce antique, et seule avec elle, un pays où la danse est nécessaire à la vie.

Quand Oydsseus arrive dans l'île affreuse où habitent Polyphème et les Cyclopes anthropophages, et quand il demande au vieux Silène quelle est cette terre d'horreur, le père nourricier de Dionysos la définit par une seule épithète ; il l'appelle ἄχορον χθόνα une terre où l'on ne danse pas.

Eh bien, la France ne doit jamais devenir cette terre-là ! Elle ne saurait le devenir que sous peine de mort. Bénissons tout ce qui l'en empêche, tout ce qui ranime la vieille tradition par quoi elle ressuscite la Grèce antique, en demeurant une terre où l'on danse, où l'on fait tout en dansant, où l'on sait même mourir en dansant.

N'est-ce pas ainsi qui firent les Spartiates aux Thermopyles, eux qui, le matin de leur dernier jour, peignaient leur chevelure, se frottaient d'huile le corps et s'assouplissaient les muscles par une pyrrhique ? Et n'est-ce pas dans le même sentiment que la grand Condé, pour prendre d'assaut l'imprenable Lérida, y fit grimper ses mousquetaires au chant des violons de Lulli ? Et pareillement n'étaient-ils point du même lignage, les vingt-cinq mille bonnets à poil d'Austerlitz qui enfoncèrent le carré ennemi au fifreli des fifres leur sifflant un rigodon ?

Ah ! certes, ils l'aimaient, la danse, et ils savaient danser, tous ces héros ! Et voilà pourquoi, du temps où j'étais enfant de troupe, on avait raison de nous enseigner la danse conjointement avec l'escrime. Et voilà pourquoi je m'en suis souvenu, tout d'abord, pour oser parler du *Tango* devant le cinq classes de l'Institut, certain qu'on me pardonnerait cette audace, puisque par le *Tango* j'entends la danse, et puisque la danse évoque la pyrrhique, cette pyrrhique inventée par Pallas Athènè la sage, cette pyrrhique exaltée que tous les jeunes gens d'Athènes, après la représentation des *Perses* d'Eschyle, se mirent à danser comme des fous toute la nuit, par les places et les rues, et surtout devant les temples où il frappaient du point sur les boucliers suspendus aux portes et redoublaient de sauts frénétiques en criant éperdument : « Patrie ! Patrie ! Patrie ! ».

JEAN RICHEPIN
de l'Académie Française.

ORIGINES DU TANGO

Mistinguett et le professeur Bayo ont vraisemblement été les initiateurs du mouvement de curiosité qui est devenu un engouement irrésistible, leur Tango étant arrivé à un moment où Paris était assoiffé d'une danse originale.

Mais la sincérité que comporte toute enquête même sera un sujet léger comme celui-ci exige qu'il soit fait état de cette déclaration de M. Tréville, l'artiste éminent qui a créé tant de comédies sur presque toute les scènes et notamment *l'Anglais tel qu'on le parle :*

« Le Tango n'est pas aussi récent qu'on le croit généralement. Il y a une dizaine d'années, je fus appelé à danser un véritable Tango en costume du pays, dans une revue au Palais-Royal avec mes charmantes camarades, Miss Campton et Marthe Derminy ; le public ne connaissait pas cette danse et nous étions grimés de telle façon qu'on nous prit pour des professionnels — j'avais rapporté quelques-uns de ces pas lors d'un séjour que j'avais fait en Amérique du Sud. »

C'est une erreur de croire que le Tango ne se danse qu'au Brésil. Les Chiliens et les Péruviens le pratiquaient déjà il y a une vingtaine d'années en y apportant quelques modifications. A Valparaiso on l'appelait la « Samacueca » ; à Lima, on le dansait en l'agrémentant de passes de mouchoir et il prenait le nom de « Cueca ». — Le Tango est vieux comme le monde !

Il n'est nullement démontré que le Tango ait mis son empreinte sur Paris par le Théâtre. A en croire de vieux boulevardiers fort avertis, c'est chez Maxim's que le mouvement aurait pris naissance.

Les habitués de cet établissement de nuit, saturés jusqu'à la nausée des déhanchements faubouriens de la valse chaloupée, aspirèrent à se rincer l'œil de quelque danse exotique, ils exigèrent du nouveau à tout prix.

Or, un soir, M. M. K...s, un argentin de marque, ayant fredonné, à l'orchestre tzigane, le motif d'un tango, entraîna une des habituées de la maison, Loula Christi, et donna aux consommateurs ébahis, puis enthousiasmés, le régal chorégraphique impatiemment attendu.

M. Staats qui a fait toute sa carrière à l'Opéra et qui va y rentrer en maître... et maître de ballet avec la nouvelle direction de M. Rouché, n'a cessé de s'intéresser, de collaborer à toutes les manifesta-de l'art de la danse. Son témoignage sur la première apparition du Tango à Paris ne pouvait être passé sous silence.

Dans une vaste salle vitrée, dont bien des directeurs envieraient les dimensions pour leur scène, l'intrépide artiste fait évoluer une douzaine de jolies filles, les unes en costume de travail, chaussons de danseuse et jupe de gaze ; les autres en costume de ville, avec les talons hauts qui ne paraissent pas les gêner beaucoup.

Marquant la mesure de son bâton, criant le mouvement à faire, pour dominer le son du piano, écartant une danseuse pour se substituer à elle et prendre l'attitude voulue dans le groupe final; M. Staats est infatigable.

Tandis que tout son petit monde reprend haleine, il fait appel à ses souvenirs :

« Le premier Tango parisien ?... il a été dansé à la Comédie Royale, direction Max Viterbo, il y a six ans, dans une revue de Mirande où jouaient Jean Guitry et Émilienne d'Alençon. On me demanda d'adapter à la scène des danses rapportées de l'Argentine par la belle Loula Christi.

Ce n'était pas une mince besogne des motifs *Pericon* (l'éventail) comportant un ensemble de danses, je me décidai à extraire El Periquito dans lequel j'intercalai trente-deux mesures *d'Y como le va*. Loula Christi et Gaston Silvestre, maintenant aux Variétés, obtinrent un grand succès dans ce premier essai de Tango, qui était un peu mon enfant.

Il a grandi, car il est Espagnol... ou presque. Successivement et même simultanément sauvage, déréglé, acrobatique, modéré, correct, élégant;

suivant qu'il est enseigné par un professeur de bon ton ou par un excentrique; le Tango peut être à sa place dans le salon le plus gourmé comme sur la scène d'un café-concert. »

Pour fixer les origines du Tango, une conversation avec Mlle Mistinguett s'imposait. La plus fantaisiste de nos artistes parisiennes, s'y prêta avec sa rondeur et sa gaîté coutumières, dans son appartement, si voisin de l'Olympia qu'elle pourrait descendre en scène de son balcon par les cintres du théâtre.

La sévérité des meubles anciens du plus pur style y est égayée par les caricatures d'une irrésistible cocasserie, évoquant le souvenir de ses créations innombrables.

« Ce que vous a dit Bayo, est parfaitement exact, fait-elle. Il y a trois ans, j'étais à la recherche d'un numéro de danse original, comme toujours, comme maintenant où je ne sais pas encore ce que je pourrais inventer pour la revue de la Cigale, que je vais créer le mois prochain. On n'a pas tous les jours la veine de trouver une musique que tout le monde puisse retenir et fredonner à la sortie, comme celle de la Valse Chaloupée, que je suis allée dénicher avec Max Dearly, dans le ballet du Roi Carotty d'Offenbach. Aussi vous pensez si j'ai fait bon accueil à Bayo et à son Tango.

Maintenant que cette danse argentine a fait son chemin, je peux pourtant bien le dire : telle qu'on nous l'a importée, elle est trop distinguée pour le Théâtre, trop salon. Le mouvement n'est pas assez rythmé; les attitudes, les pas, sont trop corrects. Parmi les spectateurs, ceux qui ignorent tout du Tango, s'attendent à quelque chose de violent, d'indécent; ils sont bien surpris de voir danseuses et danseurs, d'une tenue irréprochable, absorbés par la préoccupation de ne pas manquer la mesure, comptant tous les temps, échangeant des regards terribles quand l'un d'eux fait une faute. Ah! je vous le garantis, il n'y a pas de danger que l'on fasse du mal en dansant le Tango ».

Au Théâtre, ou l'on en a vu tant d'autres, rien n'est plus vrai, mais dans le monde, c'est autre chose; le mal qui ne s'y trouve pas, les femmes en font naître le germe, par le seul fait qu'elles en ont la curiosité.

Mlle Esmée, si jolie et si aimée du public, a fait tout récemment au Théâtre de la Renaissance une conférence sur le Tango. L'occasion était excellente de connaître l'opinion d'une professionnelle sur la danse qui fait l'objet de tant de discussions. Je ne résistai pas à la tentation d'aller féliciter l'exquise étoile de ce premier succès en attendant celui que lui réservait le public pour les deux danses annoncées par le programme.

J'arrivai dans la loge au moment où Mlle Esmée enroulait savamment autour de son corps de déesse le tulle léger constituant son unique vêtement pour la danse grecque qu'elle allait interpréter.

Au premier mot d'éloges sur sa conférence elle déclare loyalement :

« Tout le mérite en revient à votre confrère N.....

C'est lui qui l'a mise au point. Mais je voudrais bien savoir comment je l'ai dite. Il me semble que je parlais trop vite, c'est la première fois que j'ouvrais la bouche dans une salle de théâtre : j'étais toute étonnée d'entendre le son de ma voix. »

— Les applaudissements et les rappels ont dû vous rassurer. Quand vous serez excédée de vos succès de danseuse, une carrière de diseuse s'ouvrira brillante pour vous.

En apprenant que je me propose de publier les notes prises, tandis qu'elle parlait, Mlle Esmée me tend le texte de sa conférence. « Prenez là dedans tout ce que vous voudrez, fait-elle.

Vous goûterez sans nul doute tout le piquant de ces impressions recueillies par une étoile de la danse dans un cabaret élégant.

« Il y a quelque jours je me trouvais dans un restaurant de nuit. Autour des tables soupaient des mondains avec des jolies femmes. Les hommes étaient sur les banquettes, et leurs compagnes sur les chaises ; car elles devaient pouvoir se lever facilement afin de se promener dans les bras des jeunes gens qui dansent. Ceux-ci étaient seuls, devant des huîtres ou de la viande froide. Ils attendaient que l'orchestre jouât un Tango. Ils se levaient, essuyaient leurs lèvres, s'élançaient vers les belles qui avalaient vite la bouchée, et la promenade rythmée commençait. Les seigneurs et maîtres contemplaient ces mouvements. Quand l'orchestre s'arrêtait, les femmes revenaient sagement s'asseoir et les jeunes gens retournaient vers leur table. C'était un peu comme au temps où les jeunes filles se réfugiaient sagement auprès de leurs mères après la polka ou la mazurka. Il me semblait que j'assistais à un bal de famille, à l'époque où la discipline était sévère et où le flirt n'existait point. Parfois un homme disait à son amie ou à son épouse :

— Tu as déjà dansé trois fois avec ce jeune homme.

Elle baissait la tête, rougissait et, quand le cavalier se présentait, elle répondait :

— Je suis un peu fatiguée.

« Je me sentais dans une atmosphère vraiment pure ». Vers trois heures du matin, les danseurs vinrent prendre congé de leurs danseuses, et aussi des messieurs qui se tenaient majestueusement sur les banquettes. Ceux-ci avaient pour ces jeunes gens le sourire un peu protecteur et d'ailleurs bienveillant que les parents réservent aux fiancés possibles. Et j'ai su que ces jeunes gens dansaient aussi l'après-midi, de cinq à sept. Ils se promènent ainsi, tristement, avant le dîner et après le théâtre, dans différentes salles. Il est bien évident qu'ils ne peuvent plus avoir aucune pensée licencieuse en accomplissant cet exercice trop répété. Ils font seulement de la gymnastique rythmique, comme les petits enfants qui sont soumis à la méthode de Dalcroze et de ses émules.

M. Roger Debrenne, — dont la compétence ne saurait être discutée, puisqu'il dirige un des établissements les plus sélects de Montmartre, où un personnel d'élite interprète les danses à la mode, — a fait dernièrement sur le Tango une conférence très documentée et très substantielle. Après avoir exprimé le vœu que les professeurs mettent fin à la diversité excessive des figures, aux différences dans la manière de le danser, et que tous s'entendent sur un Tango unifié . . . ce qui ne veut pas dire socialiste, il conclut par cette constatation :

« Quand le Tango n'aurait réussi qu'à donner à la danse le regain de vie depuis si longtemps attendu, il faudrait lui en être reconnaissant. La danse est la plus gracieuse, la plus élégante expression de cette politesse, de cette bonne grâce, de ce bon goût et, prenons le mot dans sa plus large acception, de cette galanterie française qui furent de tout temps l'honneur de notre pays. Les jeunes gens ont paru l'oublier en ces dernières années, si le Tango, le leur rappelle, qu'il soit le bienvenu ».

TANGO
ET TANGUEURS

Quand on voit danser le Tango pour la première fois, on est d'abord surpris de la mesure lente et bizarrement cadencée qui a quelque analogie avec une marche religieuse.

Les couples, au lieu d'obéir au même rythme et de faire ensemble les mêmes pas, oscillent d'une façon en apparence désordonnée et exécutent des mouvements très différents.

Il y a une raison à ces divergences, elle nous sera révélée ultérieurement ; mais nous allons tout de suite en avoir l'explication par les origines du Tango.

Sem a esquissé d'un trait définitif la silhouette des danseurs de Buenos-Aires, qui rappellent, en très montés de ton, les ruffians de Naples et les Nervi de Marseille. L'œil aux aguets, épiant les policiers en surveillant le travail de leurs compagnes, ils se glissent le long des bouges avec une souplesse cauteleuse, élastique, de félins en cage, avançant obliques et sournois d'un pas de biais, les jambes ployantes, ramassés sur eux-mêmes comme prêts à bondir... Ce déhanchement bassement lascif ils le continuent dans le Tango pour charmer les loisirs du métier ou aguicher la clientèle.

" C'est sur la guitare espagnole qu'ils ont trouvé les accents d'une mélodie grave et passionnée, caractérisés par un rythme très spécial qui rappelle un peu le labouern et aussi les chants tristes et sauvages des Indiens. Les paysans du pays appellent ce rythme le Mélonga".

Le Tango n'aurait jamais été admis chez nous à cet état fruste et sauvage, celui qu'on nous à importé " c'est la peau de bêtes puantes arrivant du fond de la Sibérie, souillée et infectée de miasmes se transformant aux mains magiques des fourreurs jusqu'à devenir la précieuse zibeline, caresse tiède et parfumée aux épaules fragiles des parisiennes; c'est le havane noir et juteux métamorphosé en une cigarette blonde et dorée; le Tango de Paris, c'est le Tango argentin « dénicotinisé ».

Avant de rechercher s'il a laissé par de là l'Océan tout ce qu'il a d'équivoque et de violent, arrêtons nous devant ce croquis tracé d'une plume trempée dans l'acide : « Des hommes et des femmes d'une extrême élégance ondulent, serpentent, semblent ramper verticalement l'un contre l'autre, pareils à des ombres projetées sur un rideau qui frissonne ou reflétées dans l'eau mouvante. Leurs corps enlacés, entrelacés, poitrine à poitrine et ventre à ventre, se frôlant, s'encastrant par des torsions appuyeuses, réglées et savantes, tournent lentement, se convulsent presque sur place aux accents de cette incantation triste et exaltée ».

Avec une parfaite bonne foi l'ardent satiriste reconnaît pourtant que certaines femmes du monde, et même du demi, dansent un Tango édulcoré, *parigoté* avec une grâce décente et légère, un air de n'y presque pas toucher, un petit genre *pince à asperges* du meilleur ton où se manifeste le tact et le goût de ces fées qui ont su faire de cette « chaloupée » de sauvages un flirt élégant de jambes fines et discrètes.

Réduit aux trois figures qui en sont l'essentiel, le Tango serait très simple si la plupart de ceux qui le dansent n'y ajoutaient d'innombrables complications, soit pour attirer et retenir l'attention des assistants, soit pour multiplier les frôlements, les pressions, les enlacements. Ne soyez donc pas surpris de voir dans la même salle, sur le même rythme des couples d'une correction irréprochable, n'excluant pourtant ni la grâce, ni la souplesse et d'autres qui touchent à l'indécent. Ceux-là justifient la boutade de Sem : Le Tango est une danse du ventre à deux.

Par la pression de la main qu'il tient, soit à la taille, soit entre les deux épaules de la danseuse, le cavalier la dirige à sa volonté. Elle n'a qu'à céder...

ou à s'arrêter. Or, elle ne s'arrête jamais. Inutile d'insister dans ces conditions sur la prudence que les tangueuses qui ne sont pas assoiffées de sensations violentes doivent apporter dans le choix de leur danseur.

Quant à doser la proportion d'immoralité, d'inconvenance, d'indécence incluse dans le Tango des salons, n'est pas chose facile. Le plus subtil des casuistes y perdrait son latin.

Les fanatiques ardents à proclamer que le Tango doit être intangible (pardon !) n'admettent même pas la discussion. D'àprès eux s'il existait une danse inconvenante, ce serait la valse par les griseries qu'elle provoque, tandis que le Tango exclut toute idée même de simple galanterie par le fait de l'attention incessante qu'imposent les changements de pas continuels.

Si tous les danseurs étaient d'une éducation parfaite, d'une tenue irréprochable, d'une correction impeccable, la question ne se poserait même pas.

Ainsi l'on cite des gens du meilleur monde qui se sont constitués en groupe de huit, dix ou douze, se réunissant régulièrement pour tanguer à l'abri des regards indiscrets. Dans ces milieux, rien à craindre.

Même sécurité, ou à peu près, dans les réunions de famille où cousins et cousines dansent le Tango pour s'amuser.

Mais dans les soirées plus nombreuses, dans les bals où les maîtresses de maisons les plus scrupuleuses ignorent absolument quelle est la moralité de leurs invités, n'y a-t-il pas sinon un péril, tout au moins une éventualité de danger dans cette mainmise d'un danseur corrompu, résolu à se faire corrupteur ?

Quant aux jeunes filles, admettons que rares sont les hommes assez dépourvus de sens moral pour abuser de leur ignorance. Il s'en trouve pourtant. L'assurance m'en a été donnée par des institutrices nullement bégueules mais simplement clairvoyantes. « Les parents sont impardonnables d'autoriser le Tango, me disaient-elles. Les chères petites n'y recherchent aucun mal, mais elles ont entendu dire que cette danse peut prêter à certaines audaces, elles ignorent lesquelles. Et elles sont peut-être un peu impatientes d'en avoir la révélation. Quand un brutal excède les convenances elles le laissent faire en filles d'Eve qu'elles sont . . ! Sauf à ne plus danser avec lui. »

Les choses ne peuvent se passer ainsi que tout à fait exceptionnellement, c'est entendu, avec les jeunes filles que devraient protéger les convenances les plus élémentaires. Mais que dire des jeunes femmes ? »

Inutile de revenir sur l'antienne connue. Les pas du Tango sont si difficiles qu'ils absorbent toute l'attention du danseur et le rendant incapable de toute autre pensée. Allons, donc ! Est-ce qu'au bout de quelque temps de pratique les bons danseurs n'exécutent pas machinalement les figures les plus compliquées ?

Il n'y aurait donc pas lieu de trop s'étonner si quelques-uns d'entre eux s'appliquaient à réaliser les promesses contenues dans cet exposé rigoureusement textuel emprunté à la réclame d'un professeur illustre qu'a publié sans y entendre malice, un journal illustré des plus connus ?

« Qu'est-ce au juste que le Tango ? Enveloppé du charme berceur, d'une musique langoureuse, deux couples se laissent prendre au doux énivrement qui les enveloppe. *Elle* fait quelques pas avec *lui* qui la tient par la taille, se laisse conduire et se donne toute charmée dans un adorable mouvement de séduction. Pâmée, *Elle* s'abandonne aux inflexions lascives (*sic*) de son partenaire. Et, l'éternel féminin reprenant toujours le dessus, elle hésite soudain capricieuse. *Lui* la poursuit, tout entier à son désir de vouloir plaire. Elle, coquette, imprime un refus harmonieux à son corps qui s'offre cependant. Et la poursuite se termine par un poème de grâce et de volupté. »

Il n'est pas interdit d'admettre que certains jeunes gens et aussi des hommes, voisins de la maturité se soient décidés à apprendre le Tango pour réaliser cette prise de possession agrémentée « d'inflexions lascives » ? Et les jeunes femmes, même en les supposant fidèles jusqu'alors, n'y en a-t-il pas parmi elles qui peuvent avoir jeté les yeux sur la réclame parue dans un journal sérieux reçu dans toutes les familles ? Les empêcherez-vous de s'imaginer que leur danseur va peut-être les initier aux séductions possibles, entrevues dans leurs rêves ?

Supposons que celles-là sont une infime minorité et faisons appel à la franchise des honnêtes mères de famille. Voici ce que me dit une de celles qui s'est fait inviter au Tango par pure curiosité et ne consentirait jamais à le danser même avec d'autres danseurs que ceux avec lesquels elle s'exerce à huis clos.

« J'ai tangué avec une dizaine de messieurs, jamais je n'ai soupçonné chez aucun d'eux l'ombre d'un mouvement incorrect. Rien n'est comparable à l'étourdissement, à la griserie que provoque la valse dans le Tango dont les mouvements, ont une sorte de solennité rituelle. Rite d'initiation . . . à l'amour, c'est entendu, où la promesse est tout ; la réalisation ne se présentant même pas à l'esprit. Plus on danse lentement, plus on éprouve l'impression d'accomplir exactement ce rite quasi religieux et c'est cette lenteur hiératique qui donne aux assistants une impression de lascivité, le plus souvent fort loin de la pensée des danseurs.

Comme complément aux révélations de cet état d'âme d'une femme parfaitement sérieuse, il faut ajouter qu'elle ne se dissimule pas, ce qu'il y a d'inquiétant dans le fait de se confier à un homme qui vous impose tous les mouvements qu'il veut et vous dirige comme se conduit un bateau. La passivité de la danseuse étant une des règles du jeu.

S'il aime la femme qui est entre ses bras, rien n'est plus simple que de la plaquer contre lui.

Cette éventualité, nullement conforme aux méthodes des professeurs, mais aisément réalisable dans la pratique courante suffirait à expliquer le mandement de Mgr Amette. Les gens se disant bien informés assurent qu'il a été motivé par les révélations du clergé de Paris. Des confesseurs fort nombreux ayant crû devoir révéler, sans trahir le secret de la confession, que leurs pénitentes attribuaient au Tango l'état du péché dans lequel elles étaient impudemment tombées.

Le mandement de Monsgr. Amette, archevêque de Paris, interdisant le Tango dans les familles catholiques a produit une profonde sensation, mais cette prohibition aura-t-elle pour conséquence la disparition, l'anéantissement de cette danse? Rien n'est moins certain.

Avant tout une distinction s'impose entre les salons, les réunions mondaines d'une part; et de l'autre, les endroits publics, où des entrepreneurs de spectacles donnent à danser.

Ces derniers ne sont nullement touchés par la division archiépiscopale, quant aux réunions privées les invités qui y fréquentent tout en affectant une soumission que leur impose la correction et le ton, se résignent malaisément à renoncer à une danse dont l'étude leur a coûté pas mal de temps et d'argent.

Quoi de plus simple que d'affecter de s'incliner devant le *veto* et de pratiquer les mêmes pas en leur donnant un autre nom. Ingénieux subterfuge que les autorités ecclésiastiques auront bien de la peine à atteindre. On assure que la substitution s'opère dans les salons les plus orthodoxes, sans la moindre difficulté. Le Tango est mort, vient la Forlane.

Jean Carrère, dont la parole fait autorité a envoyé de Rome une correspondance détaillée fort rassurante pour les conciences catholiques. Pie X désireux de se renseigner aurait reçu en audience privée le prince A. M. . . . . et sa cousine et leur aurait demandé de danser le Tango. Sans autre musique que ce qu'ils pouvaient fredonner; les jeunes gens auraient esquissé devant le Saint-Père attentif les va-et-vient compliqués qui en sont l'essence, tandis que leur front plissé, leurs lèvres pincées attestaient l'application la plus tendre.

— « Et bien mes enfants, aurait dit le Souverein Pontife, si c'est ça le Tango vous ne devez pas bien vous amuser. »

Après avoir constaté que s'ils étaient contraints de danser le Tango par pénitence, les gens du monde trouveraient qu'on les traite avec trop de cruauté, il a, paraît-il levé l'interdiction, exigeant toutefois qu'on changeat le nom du Tango (ce mot en latin signifie, je touche).

On ajoute que le pape aurait conseillé à la jeunesse de porter préférence sur la Forlane, danse vénitienne pleine de couleur, rappelant à la fois un pas provençal et la maxixe brésilienne.

Qui aura le dernier du Saint-Père ou de l'Archevêque de Paris? L'avenir nous le révèlera prochainement.

Cette audience papale où la religion et la danse forment un amusant tableau qui avait déjà inspiré pas mal d'artistes, a été démentie par l'*Osservatore Romano,* journal officiel du Vatican, qui a publié à

Rome une note protestant énergiquement contre ce qu'il appelle une invention absurde et invraisemblable et contre l'inconvenance qu'il y eut à mêler le nom du Saint-Père à une réclame en faveur d'une danse lascive.

L'organe du Vatican déclare péremptoirement que le Souverain Pontife n'a jamais approuvé ni recommandé la Forlane et ajoute que cette invention a malheureusement eu pour effet de faire revivre et de rendre populaire une coutume païenne qui ne peut que contribuer à abaisser le niveau moral de la société.

Malgré ce démenti la Forlane passe pour être la danse du Pape, il est fort probable qu'elle conservera ce titre qui ne contribue pas peu à sa popularité.

POUR APPRENDRE LE TANGO

Le tango se danse sur une mesure à deux quatre qui se compose, pour le premier temps, d'une croche pointée et d'une double croche; pour le second temps, de deux croches; l'ensemble brisé, torturé, angoissant, est extrêmement dansant quoique toujours d'une tonalité triste. Tous les véritables tangos ne sont-ils pas en mineur?

Nous reviendrons sur le détail des pas, mais quelques indications sont indispensables.

Les trois figures principales se nomment *Corte, Rondo, Media Luna.* On peut commencer indifféremment par l'une ou l'autre, ce qui explique que les mouvements des couples ne sont pas uniformes, les uns étant absorbés par la *Media Luna,* tandis que d'autres en sont encore au *Corte.* Quatre pas d'une simple marche précèdent chacune de ces figures et les séparent : c'est la marche.

Le *Corte* se compose de trois pas sur trois temps de la mesure suivis d'un temps d'arrêt.

La *Media Luna* comporte neuf pas sur trois autres temps, elle exige donc trois fois plus de rapidité et se termine comme le *Corte* par un temps d'arrêt. Ce n'est pas sans nombre de difficultés que les débutants arrivent à effectuer des triolets dans une demi mesure à deux temps.

Enfin le *Rondo* se danse en pas de polka sur le même nombre de mesures.

Excusez ces précieuses techniques destinées aux lecteurs qui n'ont jamais vu danser le Tango et à ceux qui l'ont vu danser sans qu'on ait pris la peine de leur en faire connaitre les lois.

Lois si inexorables que les revuistes de Montmartre proclament la connaissance approfondie du calcul indispensable dans l'interprétation des danses modernes. Pour qu'un tango soit parfait il ne s'agit pas de le danser avec plus ou moins de correction, il faut encore qu'à la fin de chaque figure les pas additionnés entre eux forment un total prévu d'avance. Voilà pourquoi les tangueurs sont si absorbés, si préoccupés ils comptent : un, deux, trois, quatre.

Dans la Revue *Si jose m'exprimer ainsi*, au Théâtre Doré, l'excellent comédien Tréville faisait applaudir chaque soir, ces couplets qu'il soulignait d'une chorégraphie démonstrative :

MANUEL DE TANGO SUR LEQUEL VOUS ALLEZ POUVOIR SUIVRE PENDANT QUE JE DANSERAI.

(Air : « Le Ton du Machin »)

J'vais commencer si vous l'voulez bien
Par vous montrer l'Tango Brésilien,
La figur' du début s'appelle « La
Promenade » et la voilà
Le cavalier part du pied droit et fait en avant
Quatre pas marchés puis il refait, toujours marchant
Quatre pas en arrière c'pendant que sa cavalière
Fait absolument l'contraire.

Dans la s'cond' figur', les à-côtés
L'cavalier part du pied droit et fait
Quatr' pas à gauche, le pied droit poussant
Le pied gauche en avançant,
Il r'fait ces quatr' pas en r'venant sur son chemin,
Le pied gauch' poussant l' pied droit jusqu'à la fin,
Il r'fait quatr' pas à droit' comme la première fois
En finissant par le pied droit.

La cavalière part du pied droit
Et fait quatre pas, quatr' et pas trois,
Glissés à gauch' le pied gauch' poussant
Le pied droit en avançant.
Elle revient ensuit' et fait quatre pas, le pied droit
Poussant le pied gauche, mais des petits pas très étroits.
Les mouvements divers doivent produire entre eux
Un total de quatre-vingt-deux...

Dans les salons, il s'en faut de peu que le Tango règne sans partages. Quadrille, polka et mazurka ont complètement disparus, la valse ne survit qu'à la condition d'être dansée sous la forme du simple ou mieux du double boston. Son rythme momentanément désuet se fait à peine entendre une fois toutes les quatre ou cinq danses. On accorde une place un peu plus grande à l'*one step*, au *two step*, à la *maxixe*, à la *très moutarde* et autres récentes innovations.

Dès les premières mesures du Tango les initiés ont bientôt fait de se rejoindre. Ils se mettent en mouvement sans hâte, mais une ferveur indicible anime leurs regards.

De même dans les salles publiques, à Luna-Park et à Magic-City, danseurs et danseuses quittent leur table, s'avancent de quelques pas sur la piste, qu'ils se soient préalablement mis d'accord ou qu'ils s'enlacent au hasard de la rencontre — sans un mot sans un salut ; à quoi bon ces marques de politesse surannées et désuètes ? — ils font silencieusement les premiers pas de la promenade..., et continuent toujours silencieux, quelquefois se regardant, le plus souvent les yeux perdus dans le vague.

Les uns affectent de se tenir à distance comme pour justifier le Tango de la mauvaise réputation qu'on veut lui faire, d'autres se serrent étroitement à pleins bras, le plus grand nombre reste dans les limites des convenances, en apparence du moins.

Il faut le constater une fois de plus : le Tango est ce que le fait le danseur, mais quel écart entre le pas savant qu'il doit être et le déhanchement suggestif qu'il peut devenir !

En voyant évoluer tant de couples dans les salons et dans les établissements publics, la première question qui vient à l'esprit est celle-ci. Où et comment ont-ils appris ?

Les leçons se donnent dans les locaux les plus divers : scènes de théâtre et de cafés-concerts, appartements dépourvus de tous autres meubles que quelques banquettes dépareillées, halls d'hôtels, cours de danse plus ou moins réputés, salles de café.

Quant aux professeurs, la diversité de leur origine défie toute classification. Américains du sud, argentins, brésiliens, péruviens et nègres, venus on ne sait d'où, arrivent en tête; hongrois, italiens et belges leur font une vive concurrence, mais le record est tenu par les espagnols. Les français sont en nombre; pour quelques professionels patentés, quelle ruée de garçons de café, de chauffeurs d'auto, de chasseurs de restaurants!

Les prix varient suivant les quartiers, de deux ou trois louis aux abords des Champs-Élysées, ils tombent à un franc et même moins à Ménilmontant et à Charonne.

Les maîtres les plus en vogue sont MM. Bayo, Duque, Duclos, Simarra. « Vous n'arriverez pas à les faire parler, m'avait-on assuré, vous aurez même de la peine à les rejoindre, le temps pour eux est si précieux ! »

Allons donc ! à peine ai-je formulé le désir d'être mis en présence d'une de ces sommités, — c'était au Palais Persan de Magic-City, — qu'une comédienne, ardente tangueuse, me dit aimablement : « Bayo est ici, je danse avec lui tout à l'heure; je vous le présenterai. »

Quelques minutes plus tard, près de la table où je prends des notes, je vois surgir ma jeune amie tenant par la main un petit homme brun, rasé, musclé, râblé, donnant une impression de parfait équilibre physique et mental : « Voici M. Bayo, fit-elle, je lui ai dit qui vous êtes, ce que vous attendez de lui, je vous laisse ensemble. »

Il ne faut pas songer à accaparer le maître, même pendant très peu de minutes, dans ce milieu où tant de ferventes sont impatientes de tanguer avec lui, pourtant M. Bayo tient à me donner séance tenante toutes les précisions que je peux désirer et s'engage à répondre à toutes mes questions.

— Est-il vrai que vous êtes le premier en date des professeurs de Tango ?

— Si vous ne me croyez pas sur parole vous pouvez le demander à Mistinguett ?

— ?

— Personne à Paris, sauf les argentins qui le dédaignaient à cette époque, n'avait entendu parler du Tango. Ayant apprécié et étudié la saveur, l'originalité de cette danse au cours d'un séjour à Buenos-Aires, je proposai à Mistinguett qui étudiait son rôle de commère dans une Revue de Marigny, d'y intercaler un Tango. Nous avons obtenu un succès fou. Depuis ce temps je ne peux suffir aux leçons qu'on me demande.

— Combien les faites-vous payer ?

— Excessivement cher !

— ?

— Jusqu'à deux cents francs l'heure.

— Mais quel est votre prix habituel ?

— Cinquante francs la leçon pour une personne, soixante-quinze francs pour deux, cent francs pour trois.

— Vous devez avoir amassé une fortune ?

— Pas encore mais je ne me plains pas, dans les quatre derniers mois, j'ai gagné plus de soixante mille francs.

— Où donnez-vous vos leçons ?

— Dans une salle de la rue Cimarosa, fermée depuis ces derniers jours pour cause d'un différend avec mon commanditaire. Je pars pour la Russie où je vais passer quelques semaines.

— Un dernier mot : les noms de quelques-unes de vos élèves ?

— Le secret professionel m'interdit de vous dire ceux des dames et des jeunes filles... quant aux artistes, je peux vous en citer : Mlles. Polaire, Marguerite Brésil, Ricotti, Madeleine Carlier, Lucienne Guett.

Il est vrai qu'on a reproché à Bayo d'avoir imaginé, pour se ménager, le Tango sans bouger, et que son enseignement se réduirait à ceci : moins vous remuez, mieux vous tanguez. Méthode particulièrement recommandée aux grosses dames et aux messieurs ankylosés ; ainsi simplifié, le Tango perdrait beaucoup de sa saveur et de son originalité.

Toujours est-il que le professeur Duque, prenant le contre-pied, (oh oui, et combien !), de ce parti-pris, a lancé non seulement un tango régénéré, mais mieux encore, une danse nouvelle : la Maxixe, rapide, ardente, trépidante, coupée de génuflexions, de pamoisons, de chûtes simulées.

Le Professeur Duque règne à Luna-Park; il y a un bureau vaste et somptueusement meublé où viennent s'inscrire les femmes désireuses de recevoir ses leçons. Les prix sont les mêmes que ceux de Bayo, mais, son secrétaire me fait remarquer que pour les séances de danse avec sa jolie partenaire Miss Gabry, le montant du cachet oscille entre vingt-cinq et cinquante louis.

Voici le maître. Mince, svelte, élégant ; la figure en lame de couteau, rasée comme l'exige la mode ; les cheveux noirs, disciplinés par une raie médiane ; parlant avec un accent espagnol très prononcé ; il réalise le type extérieur du gentleman du dernier bateau.

Sans attendre mes questions, il me conte ses origines brésiliennes, son premier voyage en France pour l'Exposition de 1900. Il avait quatorze ans, ses études pour obtenir le diplôme de chirurgien-dentiste, qu'il a en poche, ses travaux, notamment un volume sur l'Odontologie dans les armées, son empressement à quitter la profession dès qu'il eût compris l'engouement en faveur du Tango, qu'il avait pratiqué dès l'enfance.

Duque donna longtemps ses leçons Cité Pigalle dans un local modeste mais chic, où il réussit à attirer le Tout Paris. « Quand je cherche à expliquer la vogue de mon enseignement, ajoute-t-il, je crois pouvoir trouver la raison, dans le soin que j'ai apporté à éliminer de ces danses brutales et violentes ce qu'elles ont d'excessif, à en idéaliser les beautés pour les adapter à l'esthétique de Paris, tout en conservant leur saveur originale. »

C'est ainsi qu'ont été, non pas créées, mais modifiées, codifiées, ces figures, aujourd'hui classiques : la promenade *(corte)*, les à-cotés, les ballons qui tombent *(sic)*, la corbeille.

Tout le monde ne pouvant prendre des leçons à cinquante francs, il sera intéressant de poursuivre notre enquête dans des milieux plus modestes, mais il faut avant tout savoir ce qu'est le Tango musicalement et chorégraphiquement parlant.

Malgré son nom teinté d'exotisme, M. Antonio est un excellent français, fils d'un soldat de la garde impériale, soldat lui-même dès ses premières années, puisqu'il a été enfant de troupe, il a fait son service militaire au deuxième zouaves au temps où l'enseignement de la danse était réglementaire dans les régiments.

M. Antonio s'excuse pour un instant, le temps de recevoir une mère et sa fille, qui tout de suite demandent : » Combien faut-il de leçons pour apprendre le Tango ? — Cela dépend, Mademoiselle. Savez-vous déjà danser ? — Oui, je danse passablement le Boston. — Dans ces conditions, en cinq ou six leçons vous saurez le Tango.

Elle semble enchantée et disparaît après avoir convenu des prix, jours et heures.

Prié de m'expliquer sa méthode d'enseignement, M. Antonio, la résume de la façon suivante :

« Nous parlons des hommes, natuellement, car pour les femmes c'est beaucoup plus simple, elles n'ont qu'à se laisser guider, il est inutile d'entrer dans beaucoup de détails ».

« Quand un jeune homme vient ici pour la première fois, je commence par lui expliquer les pas en les exécutant moi-même. Mais en évitant toute théorie qu'il comprendrait mal et qui l'embrouillerait.

Première Figure. — « Il n'y a pas l'ombre de difficulté dans la première figure. Le départ se compose de quatre pas marchés, le cavalier partant du pied droit, en avant et la dame du pied gauche en arrière ».

Deuxième Figure. — Dans la *corte* le cavalier avance le pied droit, puis ramène le pied gauche sur la même ligne. Après un temps d'arrêt marqué par la musique, il replace le pied gauche en arrière d'un pas, réunir ensuite les deux pieds.

Ces indications suffisent à un danseur expérimenté ; mais pour un débutant, il faut entrer dans les explications suivantes en décomposant en quatre temps la mesure à 2/4 :

Premier Temps. — Avancez le pied droit d'un petit pas.

Deuxième Temps. — Portez le pied gauche en avant légèrement sur la gauche.

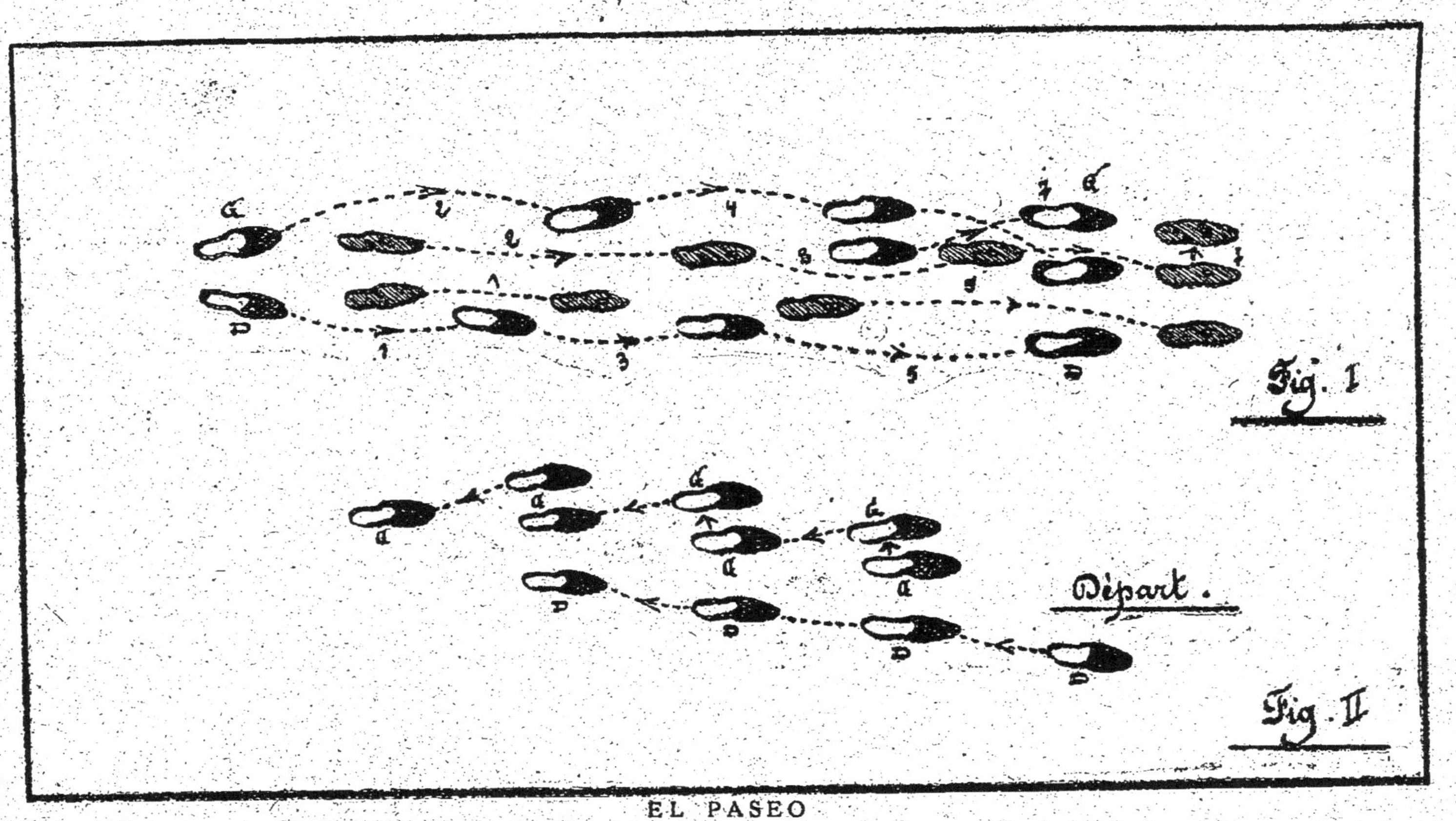

EL PASEO

Troisième Temps. — Rapprochez le pied droit du pied gauche.

Quatrième Temps. — Levez le pied gauche et par un arrondi en demi cercle sur la gauche, ramenez-le derrière le pied droit en arrière en pliant légèrement la jambe.

Il serait oiseux d'entrer dans les détails pour les autres figures. En voici deux des plus courantes :

Troisième Figure. — Pour le *Cruzado-cortado* (Croisé-coupé), le cavalier partant du pied gauche et la danseuse du pied droit font quatre pas marchés en croisant (c'est-à-dire en passant un pied par dessus l'autre) qu'ils terminent chaque fois par un croisé à droite et un croisé à gauche. Ils font à nouveau de la même façon quatre pas en sens inverse qu'ils terminent, cette fois, par un chassé du pied gauche en arrière.

Quatrième Figure. — La roue (rueda) se borne pour le cavalier à croiser les pieds sans changer de place, tandis que la danseuse tourne autour de lui.

En regardant attentivement les figures ci-jointes où les pieds du danseur sont noirs et se distinguent aisément des chaussures blanches de la danseuse, il est assez facile de se représenter les pas essentiels.

Au surplus, deux explications valent mieux qu'une, voici d'après les compétences les plus qualifiées le détail de chacun de ces pas :

El Passeo del Corte. — *La Promenade et le Coupé*

Le cavalier part du pied droit et fait quatre pas lents, le talon touchant le sol avant la pointe du pied, la danseuse faisant les mêmes pas en arrière.

Les quatre pas effectués, le pied droit du danseur doit être en avant du gauche. Ce dernier doit être ramené près du droit et tourné légèrement vers la gauche.

Un léger coup donné du pied droit porte le poids du corps sur ce pied, tandis que le gauche est placé en arrière. Ce dernier mouvement se nomme le *Corte* (le Coupé).

Cette figure terminée, le cavalier doit avoir le pied gauche en arrière du droit : il porte alors le pied droit sur le côté du gauche en chassant ce dernier sur le gauche comme précédemment et le *corte* de la première figure est répété.

Ce mouvement peut être recommencé plusieurs fois. La danseuse fait les mêmes pas, mais en avant, en partant du pied opposé à celui du cavalier.

Quand celui-ci exécute le *corte* comme il est dit à la fin de la première figure, il pose son pied gauche sur le côté gauche, en portant tout le poids du corps sur la jambe droite et en déplaçant le pied gauche en arrière. La danseuse portant son pied droit sur la droite, fait le même pas en même temps, mais sur le pied opposé. Le danseur termine la figure le pied gauche en arrière du droit.

Corte de la Dame

Cette figure peut être faite à la fin de la précédente. La dame ayant porté son pied droit en avant du gauche, sans changer de place, le cavalier la pousse délicatement comme pour l'éloigner ; ceci fait, le danseur porte le pied droit en arrière du gauche et rapporte celui-ci au niveau du droit. Le danseur la rapproche alors de lui. Ce mouvement peut être répété plusieurs fois.

La Cruz. — *La Croix*

Après un *corte*, le cavalier ayant le pied droit et la danseuse le pied gauche en avant, le danseur croise le pied droit en avant du gauche pendant qu'en même temps la danseuse croise le gauche en avant du droit.

Il croise ensuite le pied gauche en avant du droit, tandis que, simultanément, la danseuse fait un croisé sur les pieds opposés. Les pas peuvent être répétés.

Le danseur repartant en arrière et la danseuse en avant, ils font le même pas.

Il est d'usage de marquer un temps d'arrêt et d'échanger un salut après un certain nombre de ces pas.

Le Corte de Lado

Après un *corte* les deux danseurs partent du même pied, les genoux fléchis, le corps en arrière mais cette fois, par exception, côte à côte et non face à face, le cavalier guidant sa danseuse de la main droite placée au bas du dos.

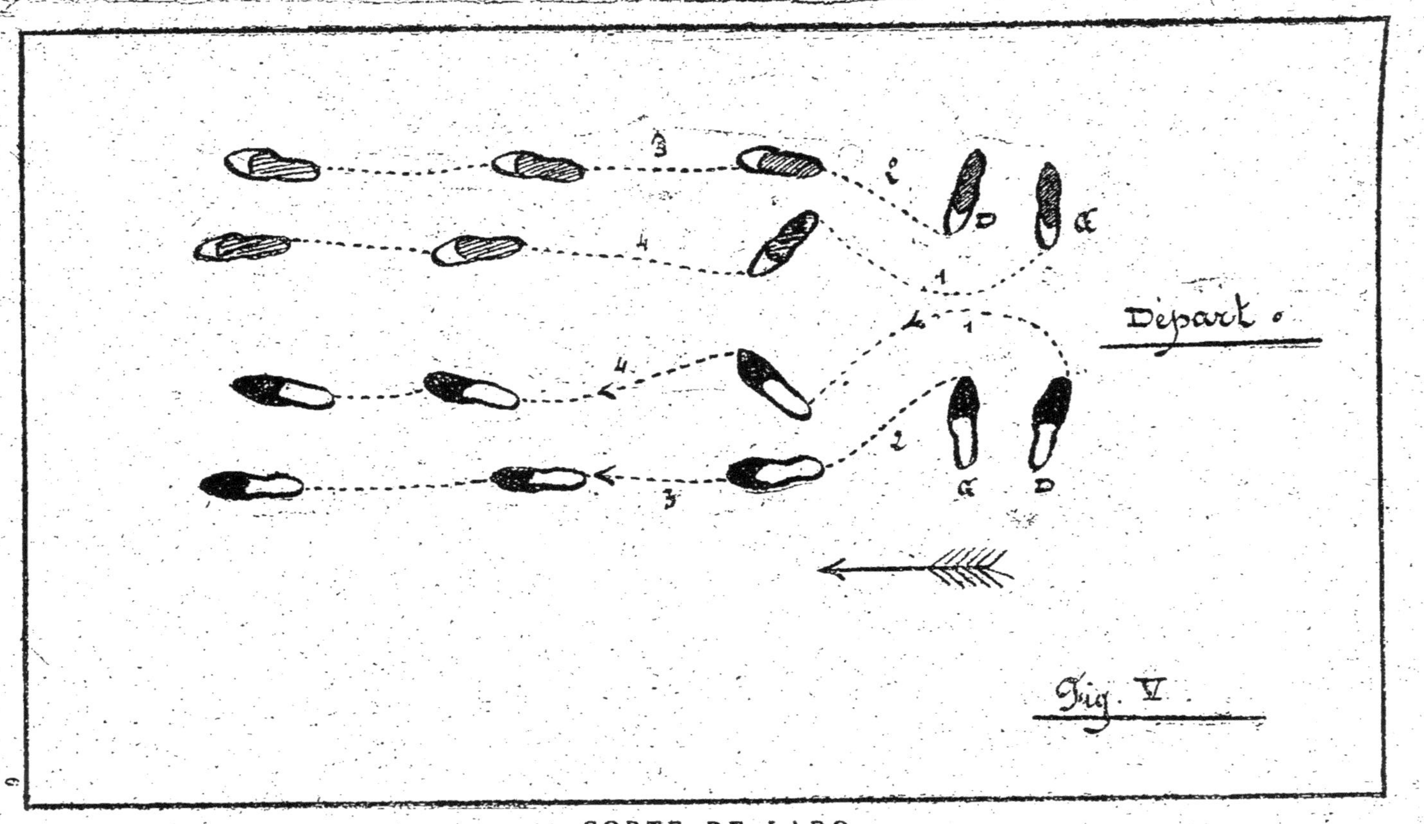

CORTE DE LADO

Il croise son pied droit par dessus le gauche pendant que la danseuse croise le gauche par dessus le droit. Finalement celle-ci porte son pied droit à côté du gauche.

Il est expressément recommandé d'exécuter ce mouvement avec une certaine lenteur pour en accentuer la grâce.

Il faut bien remarquer qu'ici les deux danseurs sont non pas face à face, mais l'un à côté de l'autre, les pieds très rapprochés. C'est dans cette position qu'ils exécutent le *corte de lado.*

Le cavalier frappe légèrement le sol du pied droit et porte son pied gauche en avant, pendant que la danseuse donne un léger coup du pied gauche et porte le pied droit en avant.

Elle porte alors le pied gauche en avant tandis que le cavalier avance légèrement le pied droit. Quand ce pied est rapproché de ceux de la danseuse, le couple est en position pour recommencer un nouveau *corte.*

Après quatre *corte*, un court *passeo* (promenade) peut être exécuté, les danseurs marchant toujours côte à côte.

Ce *paseo* fini, on passe à *el Ocho.*

El Ocho Argentino. — *Le Huit Argentin*

A l'inverse de ce qui se fait pour la promenade (*El Paseo*), la danseuse part du pied gauche et le danseur du pied droit, à cela près, leurs pas sont identiques à ceux d'*el paseo*, excepté qu'ils exécutent les pas en arrière sur les pieds opposés. (voir la figure no. 3.)

Partant du pied droit, le danseur porte le gauche en avant en effleurant le sol ; quand celui-ci est à environ 20 centimètres du droit, il tourne sur la pointe des pieds en portant tout le poids du corps sur le droit et frappe le sol du talon gauche. La danseuse effectue le même pas simultanément mais en partant du pied opposé.

Le danseur a alors le pied droit en avant du gauche et la danseuse le pied gauche en avant du droit. Ils regardent les directions opposées.

Le cavalier porte son pied gauche en avant, fait un pas sur le pied droit et pivotant sur les pointes en arrière, par la droite ; il termine en frappant le sol avec son talon gauche.

Cette figure peut être renouvelée plusieurs fois. Elle finit toujours par un *corte*, après lequel les deux danseurs se font face et recommencent la promenade *(el Paseo)*.

La Rueda. — *La Roue.*

A la suite d'un *corte* en arrière, le cavalier porte le pied gauche en arrière du droit et la danseuse lui faisant face le pied droit en avant du gauche. Quand le danseur a porté son pied droit en arrière et près du gauche, il place son pied gauche en arrière du droit. Les pieds étant l'un près de l'autre, le droit vient croiser le gauche : le danseur, sans se déplacer,

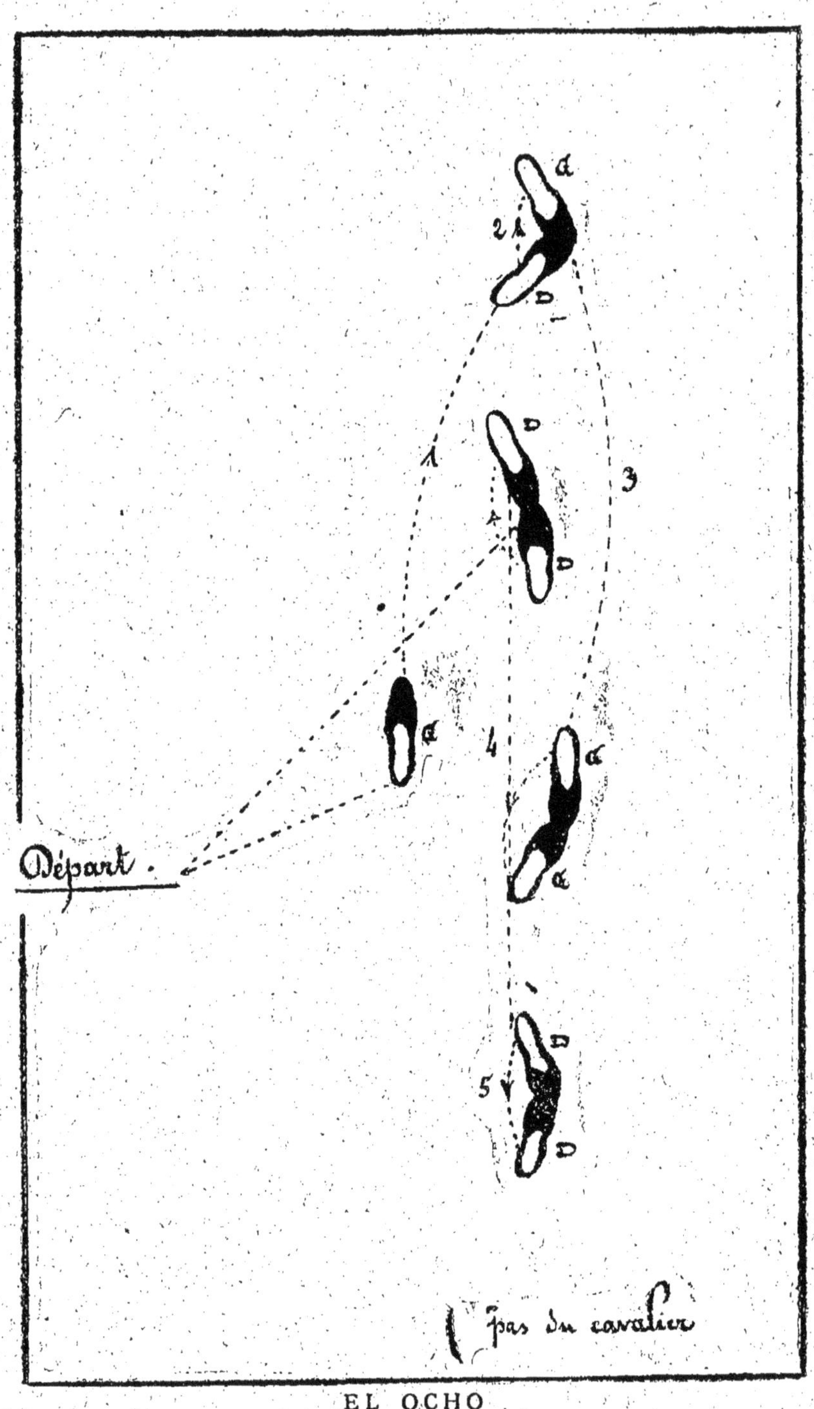

EL OCHO

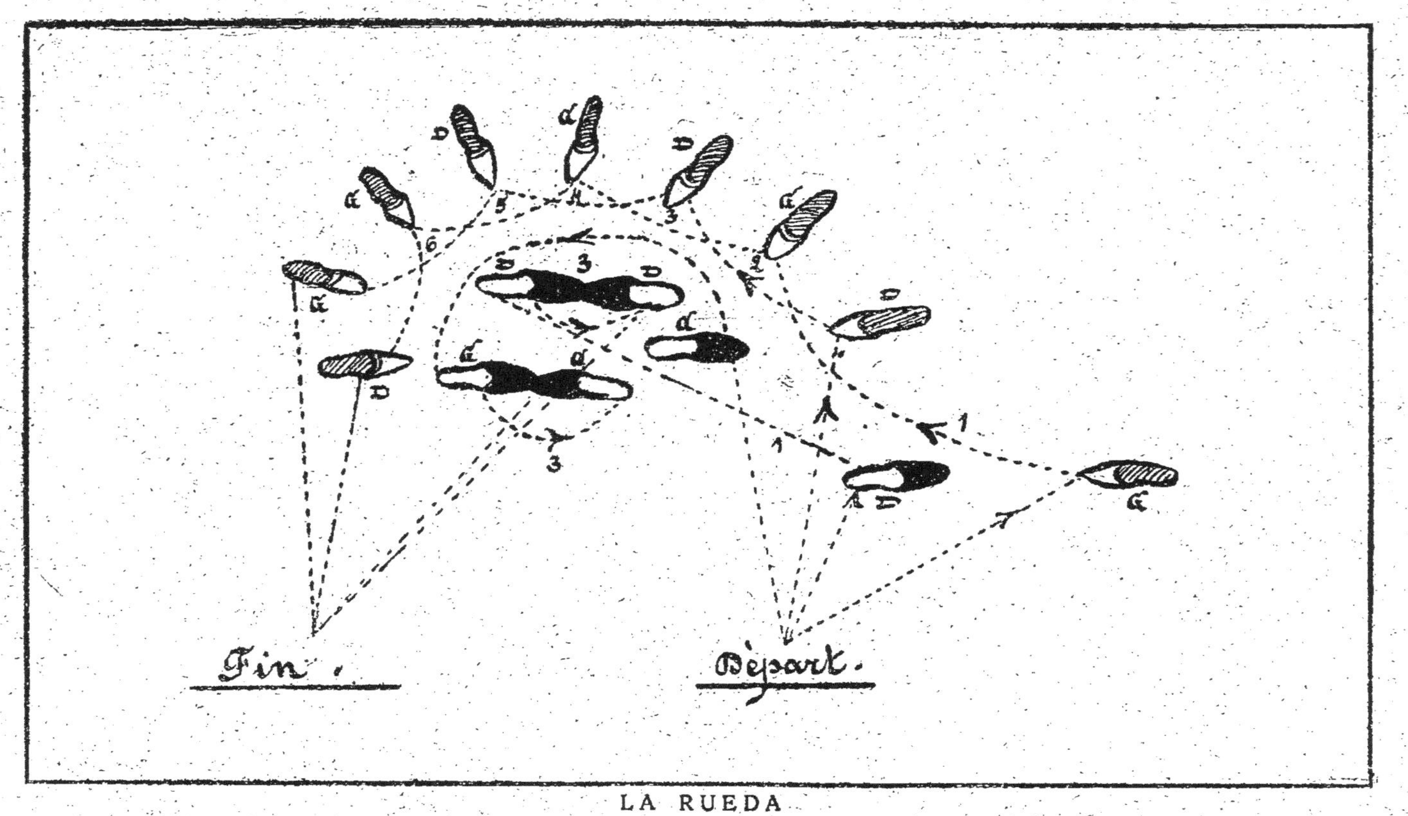

LA RUEDA

pivote alors doucement sur ses pointes pendant que la danseuse tourne autour de lui. Un *corte* termine la figure.

MEDIA LUNA. — *La Demi Lune.*

La demi lune consiste en deux *corte*. L'un du pied gauche, en avant; l'autre du pied droit, en arrière.

Cette figure s'exécute généralement après un *passeo*, le cavalier marchant en avant.

Après une révérence suivie d'un *corte*, le cavalier frappe le sol du pied droit et porte le gauche en arrière. La danseuse faisant le mouvement opposé.

Le danseur place le pied droit sur la même ligne et à environ trente centimètres du gauche, la danseuse porte son pied gauche en avant et près du pied droit du danseur. Celui-ci frappe le sol du pied gauche et porte le droit en avant. La danseuse fait en même temps le contraire.

Ces mouvements peuvent être répétés à volonté.

LES MAISONS ON L'ON TANGUE

Thés-Tango, Apéritifs-Tango, Tango-Champagne, Tango-Souper, toutes les salles que n'a pas envahi le cinéma affichent en lettres de feu ces appels aveuglants.

Sans songer à énumérer même les plus importants, nous n'entrerons que dans ceux qui ont réussi à créer un mouvement d'une certaine importance.

Il n'y a pas grand'chose à dire de ceux où l'on va comme à un spectacle assister aux ébats de professionnels des deux sexes. A l'apéritif des Folies-Bergère, comme au Palais de la danse de l'Apollo, le personnel dansant se compose à peu près exclusivement soit de spécialistes du Tango engagés au cachet, soit d'artistes faisant partie du spectacle du soir où les inévitables girls anglaises apportent un élément de jeunesse et d'excentricité.

Combien sont plus intéressantes pour notre enquête les réunions où l'on vient danser soi-même pour s'amuser !

L'un des premiers en date fut le Thé-Tango Sans-Souci, l'affluence y était telle que la circulation se faisait fort difficilement à partir de cinq heures, vers le milieu de la rue Caumartin.

Dans une salle d'un style Louis XVI fort approximatif, entourée à la hauteur du premier étage d'une galerie réservée à ceux qui sont venus pour voir et d'où l'orchestre déverse ses rythmes caractéristiques, s'est pressée pendant de long mois l'élite des passionnés du Tango.

Ce local fut son berceau, lors de son premier contact avec Paris. L'élite de la colonie étrangère, bon nombre de représentants de la noblesse, beaucoup d'artistes, parmi les plus connues, quelques demi-mondaines de marque s'y retrouvaient tous les jours. En ces temps lointains, on venait là pour se familiariser avec le Dieu dont on soupçonnait à peine la puissance. Les danseurs étaient à l'origine en fort petit nombre, mais l'espace à eux réservé s'emplissait de mois en mois, de tous les couples qui avaient pris des leçons.

Il fallut se rendre à l'évidence, le local était trop petit, cette constatation faite, la désertion devint générale. On émigra vers les vastes sanctuaires élevés en l'honneur du nouveau Dieu.

Pourtant un groupe d'adeptes fidèles à leurs habitudes, assurèrent la permanence du « Sans-Souci », tout comme ces chrétiens qui continuent à faire leur dévotion dans une chapelle antique, obstinés à ne pas vouloir franchir le seuil de basiliques nouvelles, trop riches et trop vastes.

A l'Apollo, devant le rideau baissé, deux orchestres opèrent alternativement. L'un, composé de tziganes, a la spécialité des marches, des one-step, des valses pour les amateurs de boston simple, double ou triple; l'autre se réserve le monopole des Tangos, deux mandolines assurent son caractère exotique.

L'ingénieux système du Basculo, permet de remplacer par un vaste parquet tout l'espace occupé par les fauteuils d'orchestre.

Une rampe lumineuse courant autour des loges inonde la salle d'une lumière vive. Ces loges sont toutes occupées; on y boit, on y mange surtout; apportées sur des minuscules tables mobiles, des piles de sandwich sont englouties par de jolies, jolies bouches, Le crayon de rouge a bientôt réparé les dégradations faites, par ces collations, aux lèvres savamment dessinées.

Aux premières mesures du Tango, le parquet, vide tout à l'heure se peuple d'une vingtaine de couples. Les hommes en jaquette, en veston, correctement vêtus, mais sans recherche et même sans élégance. Pas un n'a moins de vingt-cinq ans, ni plus de quarante: les lèvres rasées sont en majorité.

Sauf deux ou trois exceptions, toutes les femmes portent des toilettes sombres, mais d'une élégance discrète.

Renseignements pris, il n'y a ici que deux danseuses professionnelles, engagées par la direction, l'une d'elles est absente. Mlle Odette Bernard représente donc seule le Tango officiel : c'est une femme d'extérieur agréable, de physionomie gaie, grande et bien faite. Sa jupe de velours noir est ornée de basques de tulle bordées de fourrure ; une mousseline de soie noire voile son corsage blanc. Elle est coiffée d'un bonnet pailletté noir que surmontent deux crosses d'aigrettes.

Quel est le genre de clientèle d'habitués qui vient ici ?

A cette question posée à un musicien de l'orchestre, il répond froidement avec un accent italien.

« Je n'y comprends rien : tous les mondes sont mélangés ici. Pourtant j'ai l'habitude, je joue souvent dans l'orchestre de Magic City (vous n'ignorez pas que M. Noceti, mon patron, a la direction musicale là-bas et ici). Eh bien, à Magic, les danseuses sont presque toutes des dames du demi monde ou des actrices, ici tout est mélangé. Certainement il y a des jeunes filles bien, je les connais pour les avoir vues dans des soirées : par exemple celle qui a une robe en taffetas noir, drapée en panier et un chapeau de velours, brodé de vison avec un rubis.

Entre elle et l'orchestre passe un couple : je distingue mal le cavalier, la danseuse offre le type de la belle fille sobrement habillée d'une robe tailleur de nuance foncée, ces yeux, je les ai vus quelque part. Une artiste sans doute ? . . Mon musicien murmure tout bas : « C'est la Merelli ». Et il ajoute en me montrant un homme trapu en veston gris rappelant au moins par sa carrure Maurice Donnay :

« Voilà un des hommes les plus riches de la République Argentine. Il vient régulièrement et nous en sommes bien contents parce que où il va lui, sa colonie le suit, c'est M. de Santa Marina ».

Luna Park offre aux tangueurs les avantages d'un hall de dimensions exceptionnelles, des centaines et des centaines de couples peuvent y évoluer sans que l'encombrement soit à craindre. L'architecture des plus simples fait songer à une colossale isbah russe. Quinze milles ampoules électriques prodiguées en cordons autour de la salle et sur les traverses soutenant la charpente donnent un éclairage intense, auquel on substitue par moments pour certaines danses sensationnelles des colorations, bleues, rouges, vertes ou polychromes.

Face à l'entrée sur un des petits côtés de la salle un décor avec mer d'azur, rochers et petits parasols évoque non pas la splendide baie de Rio de Janeiro qu'on verrait ici avec plaisir, mais un paysage méditerranéen. Une profusion de roses artificielles anime, égaie ce vaste vaisseau.

Alternant avec les immuables instrumentistes en habit, les musiciens de l'orchestre exotique qu'on assure être des Hawaiens sont vêtus d'une blouse et d'un pantalon blanc, ceinturés et cravatés de soie mauve. Argentins, péruviens, chiliens qui fréquentent ici ne peuvent que constater la fantaisie hétéroclite de ces costumes, mais il apporte tout de même à l'ambiance une note non négligeable.

Les proportions démesurées de la salle ont l'inconvénient de faire disparaître tout ce qui est détail.

Il faut s'imposer un effort pour distinguer les toilettes, voir même la beauté des femmes. Aussitôt sur la piste, danseurs et danseuses apparaissent lointains dans des dimensions lilliputiennes.

On respire pourtant un parfum de luxe et d'élégance, les jeunes gens qui sont en nombre, affectent une tenue irréprochable, confinant à la raideur. Cela surprend un peu, dans une enceinte où ils viennent pour s'amuser ; mais les lois du snobisme ne s'expliquent pas.

Soirée rose, soirée en poudre, soirée en perruque de couleur se succèdent à Luna Park. Il n'est pas impossible que cette dernière ait pour conséquence de rénover la coiffure féminine par l'adoption de perruques, roses, vertes, mauves assorties aux toilettes.

Magic City revendique la gloire d'avoir révélé le Tango aux Parisiens jusqu'alors ignorants de sa séduction. Des Argentins authentiques y auraient donné pour la première fois devant des Européens la danse dont le savoureux exotisme est maintenant universellement admiré. Si véritablement c'est sur cette rive de la Seine voisine du Pont de d'Alma qu'aborda le Tango pour faire de là ses premiers pas à la conquête du monde, comment ces audacieux initiateurs ne se seraient-ils pas fait connaître ? leur modération dépasse toute mesure et aussi leur désintéressement. En donnant quelques séances de leçons par jour ils auraient amassé une fortune.

Vraie ou fausse la légende a été pour Magic City

prétexte plausible à l'érection d'un temple du Dieu Tango. Il vient d'être inauguré.

Surmonté d'une coupole comme Saint-Pierre de Rome et Sainte-Sophie de Constantinople, de hautes baies persanes s'ouvrent sur ces galeries à balustres drapées de rideaux de velours vieux rose. Le pourtour encombré d'une quadruple rangée de tables ornées de fleurs que se disputent les habitués, entoure le vaste espace central réservé à la divinité du lieu dont la présence se révèle par le trémoussement de soixante couples diversement, mais supérieurement élégants.

Un éclairage violent, toutefois non dépourvu d'agrément, tombe d'un cordon de lampes roses tandis que tout là haut des lignes électriques marquent les arrêtes de la coupole.

Les hommes pour qui l'habit ou le smoking sont de rigueur aux séances du soir, appartiennent à la Bourse, à la finance, au commerce (le grand, naturellement !) Quelques parlementaires s'y aventurent.

La noblesse est en nombre. Citons au hasard : Marquis d'Andigné, Comte de Camondo, Comte Bertrand de Valon, Comte Charbonnel, Vicomte de Boisse.

La correction la plus avertie, la plus raffinée est strictement observée, elle est de règle pour les affiliés au culte du Dieu Tango ; célébrants des deux sexes initiés aux rites de la danse ou simples assistants qui fument de gros cigares et sirottent des champagnes de marque philosophiquement, tandis que leur camarade s'abandonne aux étreintes des danseurs.

Oh cette étreinte ! cet enlacement unissant les couples de l'extrémité des doigts jusqu'aux chevilles, le mystère du Tango est là tout entier . . . nous y reviendrons.

Les femmes ont presque toutes un nom dans la noblesse, dans la bourgeoise, dans le théâtre ou dans le bataillon de Cythère.

Les artistes concentrent le plus vif de l'attention. Mlle Marguerite Brésil qui a prouvé son talent sur bon nombre de scènes, à commencer par l'Odéon, moulée, dans une toilette de velours noir, dédaigneuse des excentricités de la mode, révèle ici sa souplesse chorégraphique et triomphe par la splendeur de sa beauté blonde.

Si répandu par la photographie qu'il semble avoir quelque chose d'officiel, de national, le sourire de Mlle Arlette Dorgère conquiert tous les suffrages, ses perles qui font l'envie de toutes les femmes passeraient pour incomparables si Mlle Louise Balthy escortée de deux amies dont une polonaise n'arborait son sautoir sensationnel.

Mlle Marcelle Praince, coiffée d'une perruque poudrée qui lui sied à ravir, assure l'unanimité des suffrages à cette audacieuse innovation.

Mlle Trouhanova, l'illustre étoile, récemment applaudie à l'Opéra et au Théâtre des Champs-Élysées, est comme toujours aussi gracieuse que belle.

Toutes tanguent avec entrain : on devine en elles

la satisfaction, la joie d'être dans un endroit public pour leur propre plaisir et pas pour « vendre leur salade ».

Mlle Jeanne Renouardt qui apporte au succès de la *Pèlerine Écossaise* l'appoint de son charme irrésistible et de son talent primesautier, ne peut plus venir que tard, quand le spectacle des Bouffes-Parisiens a pris fin.

Mlles Géniat et Madeleine Carlier sont en revanche devenues des assidues, depuis qu'elles ont cessé de personnifier des *Anges Gardiens* au Théâtre Marigny, elles y retrouvent Mlles Esmée, Marguerite Lavigne, Marcelle Péry, Sylviac, Iribe.

Faut-il nommer encore Mmes Valzer, Noé, Montille, Lyska, la Comtesse Ternier ?

Si en pénétrant dans le Palais Persan, on a l'impression de se trouver dans un milieu élégant et select, c'est que l'organisation des réunions est surveillée de près par les Vingt.

Qui sont ces Vingt ? —

Pour le savoir, je me suis adressé à l'un d'eux, mon brillant confrère Henri Lécuyer, secrétaire général du Théâtre de la Renaissance.

Les Vingt, ne furent d'abord que quinze, ils se réunirent l'année dernière au Pré Catelan, décidés à improviser des séances Tango non fermées, mais dont seraient exclus les gens mal élevés. Cet essai ayant réussi au-delà de toutes les prévisions, ils ont trouvé à Magic City un local à souhait.

Les mardi, jeudi, samedi et dimanche de 4 h. à 5 h. et de 9 h. à 1 h., chez eux, ils distribuent à leur gré des invitations. Les portes restent ouvertes aux payants, mais un contrôle sévère s'assure de leur parfaite tenue. Ces recettes comme celles du vestiaire et des consommations (on boit surtout du champagne) entrent dans la caisse de Magic City. Les Vingt appartiennent tous à un ou plusieurs des grands cercles de Paris : Jockey Club, Cercle de la rue Royale, Union Artistique. Voulez-vous quelques noms : Comte Espierre, Comte de Jouvencel, Comte Hubert de Flers, Vicomte de Montreuil ?

Les grandes fêtes organisées jusqu'ici, ont admirablement réussi, conclut M. Lécuyer. La fête persane était éblouissante, avec le costume de rigueur pour les femmes, la coiffure orientale pour les hommes.

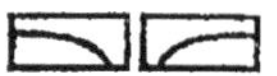

LA MAXIXE BRÉSILIENNE ET LA FORLANE

LA MAXIXE BRÉSILIENNE

Deux danses ont réussi à balancer le succès du Tango : la Maxixe brésilienne et la Forlane. Elles ont surtout gagné du terrain depuis l'interdiction lancée par les autorités religieuses.

Le professeur Duque qui en fut l'initiateur et le vulgarisateur, va nous exposer les charmes de la maxixe :

« Je ne crois pas que la maxixe puisse inspirer la moindre inquiétude aux personnes les plus timorées. Bien que d'origine exotique, comme le tango, le caractère de la maxixe est essentiellement différent. Alors que le tango est une danse d'intention volontairement lente, un peu figée, la maxixe est une danse de mouvement, beaucoup plus gaie de rythme et dont les attitudes sont infiniment variées.

Dans le tango, la position du couple est toujours la même, ou si elle diffère insensiblement, c'est pour les besoins de quelques figures. Tandis qu'au contraire avec un nombre de figures relativement plus restreint, la maxixe présente pour le même pas une charmante variété d'attitudes.

Il est même assez singulier de constater que ces deux danses, aussi profondément différentes de caractère, obtiennent en même temps la faveur du public.

Peut-être faut-il y voir une manifestation du succès des musiques argentine et brésilienne au rythme neuf, si étranges en leur obsédant enveloppement. La musique de la maxixe brésilienne est d'ailleurs d'un rythme extrêmement rare et prenant. Certaines maxixes brésiliennes, de pure origine, sont de vieux airs populairs de là-bas et qu'on peut qualifier sans exagération de purs chefs-d'œuvre rythmiques. La mesure en est tourmentée, syncopée comme dans les musiques anglaises et américaines. La musique de la maxixe brésilienne est en effet semblable comme caractère à la musique du tango à tel point qu'il est possible de danser le tango sur certaines maxixes brésiliennes qu'on a d'ailleurs baptisé tango-maxixe. Bien entendu, le rythme en est beaucoup plus rapide et il faut avoir acquis une certaine maîtrise pour suivre fidèlement la mesure de ces musiques en dansant le tango.

La maxixe est mouvementée et gaie, par opposition au tango qui est une danse lente, triste, retenue.

Rien n'est plus simple que la sèche technique des figures de la maxixe brésilienne, le pas essentiel est un pas de polka allongé et très glissé. Mais c'est malgré cela, une danse extrêmement délicate à interpréter. Avec des qualités naturelles de souplesse, elle exige beaucoup d'élégance et quelque peu de grâce.

Moins encore que le « tango », la maxixe supporte une certaine médiocrité d'exécution, puisque tout le corps doit prendre part au rythme. Outre que la position des mains doit être souple et gracieuse, sans recherche excessive ni contorsions, le buste doit se plier harmonieusement et suivre de très près la mesure, ce qui n'est pas si facile qu'on pourrait le croire.

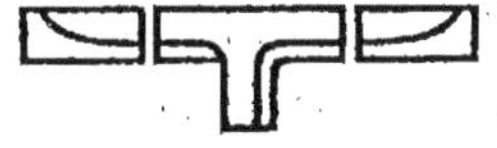

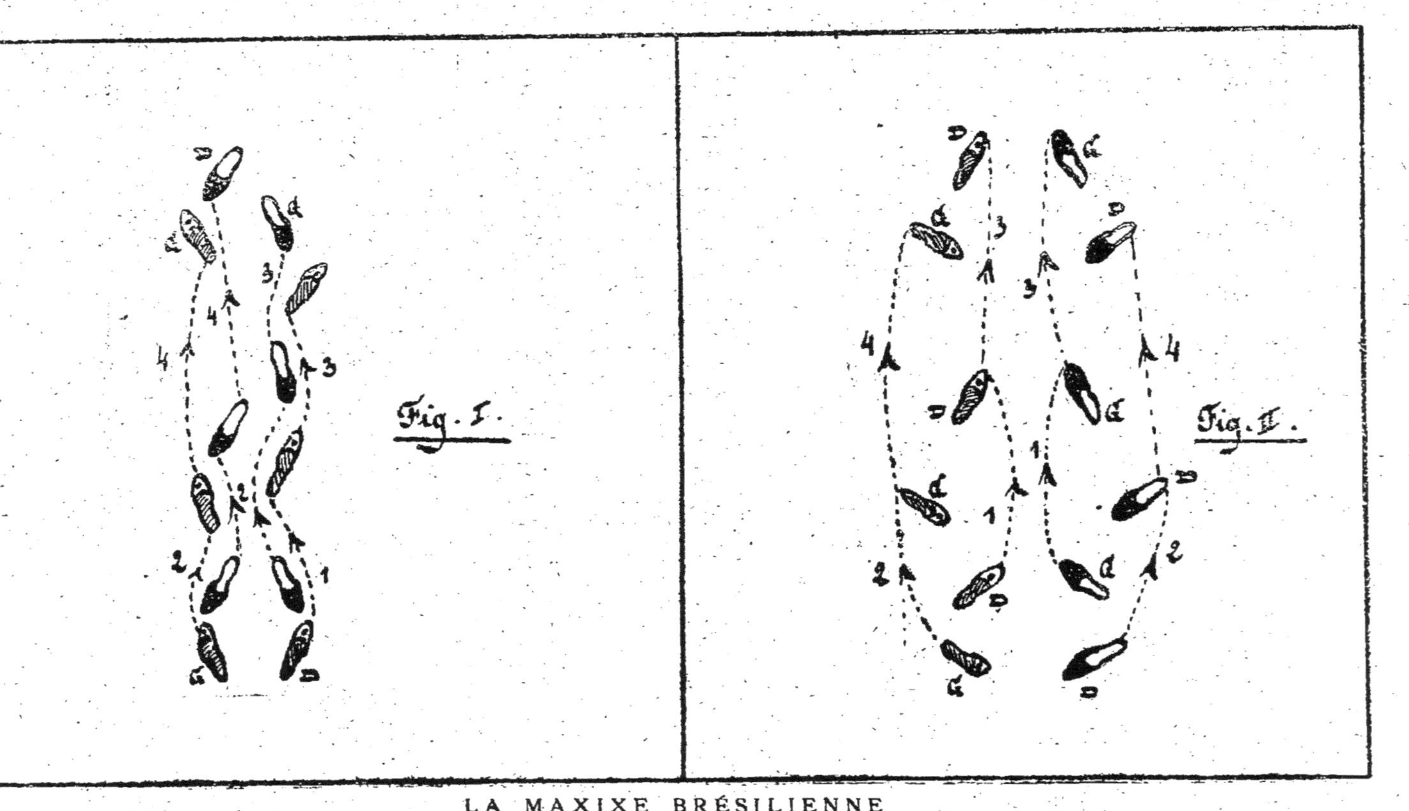

LA MAXIXE BRÉSILIENNE

LA FORLANE

Quant à la Forlane, on est en train de l'adapter au goût et aux habitudes de la jeunesse française, les professeurs se seront bientot mis d'accord. En attendant, un érudit musicographe, M. Ecorcheville a retrouvé dans les mémoires d'un sieur Duval qui accompagna M. de Champigny notre ambassadeur à Venise au commencement du XVIIe siècle, cette très vivante description des danses à la Forlane :

« Un garçon prend une fille et quelquefois deux prennent chacun la leur par la main, lui font faire le tour du bras sur la tête et commencent à danser. Les filles lèvent les deux têtes de leur robe afin de montrer leurs escarpins blancs. On leur sonne des gaillardes courtes et étant finies, elles retournent se tenir debout en leur place, ou elles ne sont pas plus tôt que celui qui les a mené danser, les reprend pour commencer de nouveau la gaillarde suivante qui se sonne et fait le semblable jusques à quinze ou seize fois, ne leur donnant pas le loisir de s'essuyer de leur mouchoir, ni ne le prenant pas même pour eux.»

Et comme s'il avait prévu l'intérêt que ses notes présenterait trois siècles plus tard pour la documentation des origines de la danse subitement mise à la mode, il fait cette remarque : « Ils s'approchèrent les uns des autres en touchant dans leurs mains l'un après l'autre », et il écrit soigneusement en marge : Bal à la Forlane.

Une lettre de Venise publiée par le *Mercure Galant*, en 1683, donne des précisions plus détaillées :

« Il y a des bals où après s'être promené un certain temps, tout le monde s'assied. La plus jolie de leurs danses est la Forlane. Elle se fait à deux ou à quatre personnes, autant d'hommes que de femmes, qui tournent en cercle en sautant et frisant *(sic)* les pieds avec une vitesse et une légèreté merveilleuse, et qui s'approchent ensuite l'un devant l'autre et toujours de la même manière, et en se prenant quelquefois les bras qu'ils entrelacent et passent par dessus la tête.

Le recueil de danse de Feuillet publié en 1700, donne la musique et l'indication de tous les pas de la Forlane. Durant les cent années qui séparent Duval de Feuillet, la danse à la Forlane est devenue la Forlane tout court, comme plus tard l'alla Polako est devenue la Polka. Couperin écrivit peu après sur cette coupe une des plus jolies pièces de ses Concerts Royaux dont il charmait Louis XIV dans ses vieux jours.

Un technicien vous dirait que pour saisir le mécanisme de la Forlane il suffit de se rappeler que le rythme de la Forlane appartient à la variété si populaire de danses où la mesure à deux temps se trouve divisée en deux groupes ternaires d'où la gigue chez les gens du nord, la tarentelle, la saltarelle chez les méridionaux. Alternant le 6/8 avec le 3/4 dont les uns leur donnent le hondinnement, les autres l'assiette, elle gigotte mais ne tourbillonne pas. Le temps de valse formant la base essentielle de son rythme elle n'est pas sans analogie avec le *Beau Danube Bleu* et certaine figure du quadrille des Lanciers. Et cette ressemblance si vague qu'elle soit pourrait bien contribuer à la vulgarisation de la Forlane.

LA FORLANE

de François COUPERIN

Tirée des Concerts Royaux

Harmonisée par A. BERTELIN

RONDEAU

Gayement

RONDEAU
2e couplet
RONDEAU

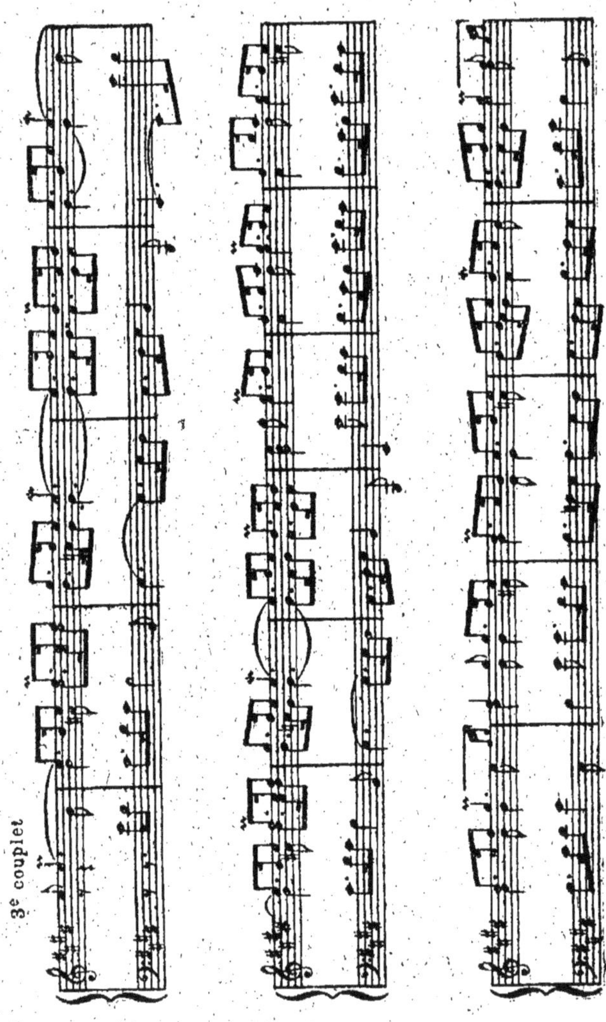
3e couplet

Communiqué par "*La Revue Musicale S. I. M.*"

TABLE

Préface de Jean Richepin 5
Origines du Tango 13
Tango et tangueurs 21
Pour apprendre le Tango 31
Les maisons où l'on tangue 51
La Maxixe brésilienne 61
La Forlane 65

GRAVURES

Décomposition schématique des pas

TANGO — El paseo 41
— Corte de lado 45
— El ocho 48
— La Rueda 49
La Maxixe brésilienne 64

MUSIQUE

La Forlane de *François Couperin* 68